LA DIDÁCTICA DE LA EDUCACIÓN FÍSICA EN EDUCACIÓN PRIMARIA

I.S.B.N.: 978-1-4092-0256-1

Agradecimientos a Luisa, lago, y resto de personas que han hecho posible la publicación de esta obra

ÍNDICE

INTRODUCCIÓN

La Educación Física busca a través del movimiento corporal el desarrollo integral de la persona, pero no reducida a aspectos perceptivos o motores, sino que también abarca aspectos comunicativos, expresivos, afectivos y cognitivos. Es por ello que la EF ha ido adquiriendo un mayor protagonismo en los últimos años, plasmándose en los currículos oficiales como un área curricular más del sistema educativo. Esta relevancia crece a raíz de la importancia del cuerpo y la actividad motriz como forma de relacionarse con el entorno y con otras personas, como fuente de salud y de calidad de vida, como forma positiva de aprovechar el ocio y tiempo libre.

La EF va a favorecer el desarrollo global de la persona fomentando aspectos relacionados con la realidad corporal, como son el esquema corporal, la lateralidad, la condición física, la expresión de las emociones, habilidades y conductas relacionadas con la salud, etc.

Desde nuestro punto de vista trataremos que el alumnado desarrolle patrones motores básicos que constituyan la base de posteriores aprendizajes, a través de actividades que impliquen actitudes y valores, en las que se vean reflejada la influencia del cuerpo y la conducta motriz. Del mismo modo también tendremos en cuenta el diferente ritmo de maduración de las alumnas/os, adaptándonos e individualizando en la medida de lo posible, teniendo en cuenta principalmente la edad biológica del niño/a, y tratando que alcance los objetivos desde la motivación y no simplemente desde la autoridad del maestro/a. Como dice Pieron, M. (1988) "…La enseñanza eficaz es la que encuentra los medios para que los alumnos se sientan comprometidos adecuadamente en la materia y ello durante un porcentaje elevado de tiempo, sin tener que recurrir a técnicas o intervenciones coercitivas, negativas o punitivas."

EL PROCESO DE REFORMA EDUCATIVO.

1. ANTECEDENTES HISTÓRICOS.

- LEY DE 1954.

0-6 años: no escolarización.

6-10 años: Educación Primaria, 4 cursos.

*Ingreso: Conocimientos básicos para acceder a Bachiller Elemental.

10-14 años: Bachiller Elemental, 4 cursos.

*Reválidas: Quien aprueba obtiene el título de Bachiller (¿4 años perdidos?)

Reválida grado medio.

14-17 años: Bachiller Superior, 2 cursos + Preu.

Reválida grado Superior.

(Este sistema educativo pretendía separar buenos de malos, a la clase obrera de dirigente. Por tanto se formaba una mano de obra barata, con una población analfabeta que tenía un desconocimiento de la realidad social de otros países, además había gran censura en los medios de comunicación. Pocas personas podían acceder a la Universidad).

- LEY GENERAL DE EDUCACIÓN (L,G,E, 14/1970, del 04 de agosto)

EGB estaba estructurada en 3 ciclos:

1º y 2º.

3º-4º-5º: Eran enseñanzas globalizadas.

6º-7º-8: Estructurada en áreas de conocimiento.

BUP: Era un BUP sin especialidades (En el anterior había letras y CC). A partir del 76-77 aparecen la opciones de BUP: CC y Letras, más tarde años 70 también Mixto.

- CONSTITUCIÓN, artículo 27 (1978).

(Ver fotocopias)

- Ley de Reforma Universitaria, (L.R.U. 11/1983, del 25 de Agosto).

- LEY ORGÁNICA del DERECHO a la EDUCACIÓN, L.O.D.E. (8/1985, 3 de Julio)

Pretende adaptar la Ley del 70 a la Constitución. No deroga la Ley Gral Educ 70, la adapta al artículo 27, recoge la Ley General del 70 y la adapta.

No respondía a necesidades formativas y educativas.

En 1987 se pone en marcha el proceso de Reforma educativa (En 87 libro Blanco para Reforma Sistema Educativo; cuestiona la LODE y propone una modificación sustantiva). Se proponen propuestas DCB para que los profesores..

- LEY ORGÁNICA 1/1990, 3 de Octubre de 1990. LEY de ORDENACIÓN GENERAL del SISTEMA EDUCATIVO, LOGSE.

No deroga LGE ni LODE, sino que las adapta.

➔ Hoy tenemos en vigor las 3 leyes.

PROBLEMAS PRINCIPALES DE LA ANTERIOR LEY EDUCATIVA (LGE + LODE).

Extraído de Libro Blanco, Propuesta Reforma Sist Educativo.

OBJETIVOS DE LA L.O.G.S.E.

El libro blanco propone 3 objetivos:

(1) Ampliación de la Educación Básica.

Mejora de la Calidad de la Enseñanza.

(1) Reforma de la Ordenación del Sistema Educativo.

La Reforma a lo Claro (seguiremos estos):

1. Desarrollo y extensión del principio constitucional del pleno Derecho a la Educación.
2. Mejora de la Calidad de Enseñanza.
3. Formación permanente del profesorado y de la población en general.

---

1. DESARROLLO Y EXTENSIÓN DEL PRINCIPIO CONSTITUCIONAL DEL PLENO DERECHO A LA EDUCACIÓN.

- Hacer coincidir la edad de finalización de los estudios obligatorios con la edad del mundo laboral (ampliando en 2 años la escolarización obligatoria).
- Evitar dobles vías de estudio y titulación (Evitar FP y BUP de forma prematura)

➔Reordenación del Sistema Educativo:

(

Características de la escolarización básica

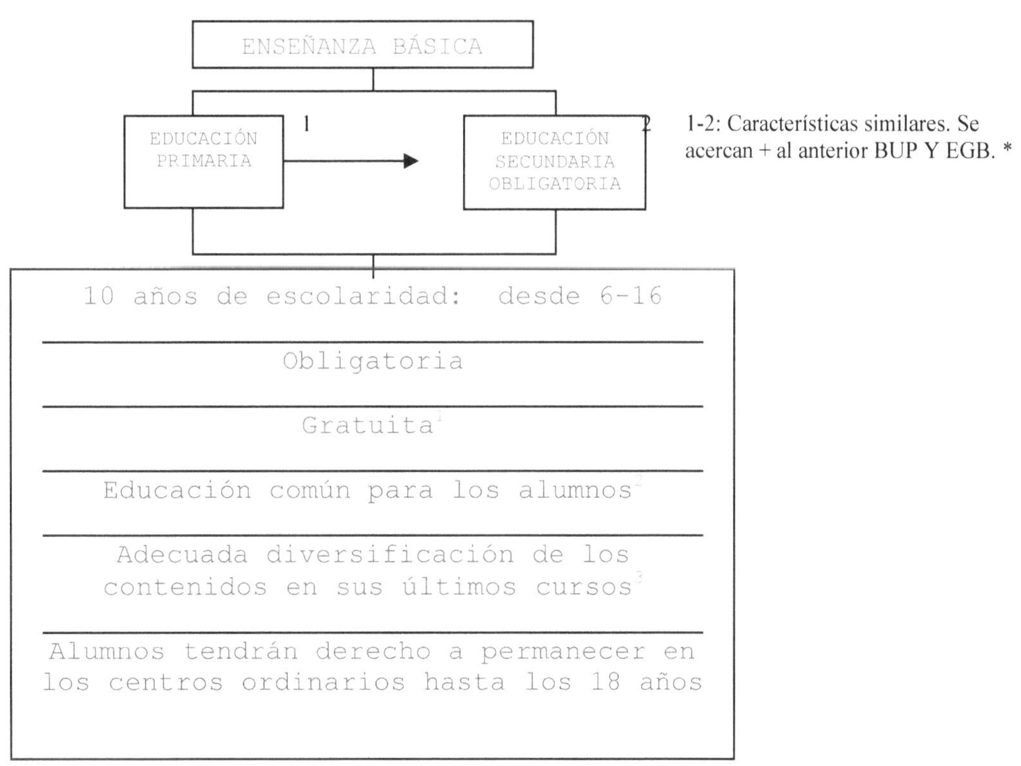

(1) Solución Admón.: Centros privados concertados, a los padres es gratuita. No concertados: pagar. Los Centros privados concertados viven de :

- Infantil y Bachillerato.
- Actividades Extraescolares.

¿Quién paga a profesores? La Consellería de Educación; y por % de niños le paga al centro.

(2) Se van a ver los mismos contenidos BÁSICOS en todos los centros.

Los centros serán mixtos; excepto los privados no concertados.

La Enseñanza se enmarcará dentro del concepto de ESCUELA COMPRENSIVA, implica comprender la realidad.

Ppio de Enseñanza Comprensiva: Forma de enseñanza para todos los escolares, intervalo escolar tan amplio como sea posible (Que serían características de Primaria y Secundaria Obligatoria, en BUP no se daría esto) . Características:

1. Formación polivalente con fuerte núcleo de contenidos comunes.
2. Reunir a chicos y chicas (mixto).
3. Ofrecer el mismo curriculum Básico.
4. Retrasar al máximo la separación de alumnos en ramas de formación diferentes.

(3) Es un efecto contrapuesto a COMPRENSIVIDAD. En los últimos cursos habrá contenidos diferentes. La Ley lo hará a través de Asignaturas optativas, que aparecerían en Secundaria Obligatoria progresivamente en 1er Ciclo de Secundaria 10% aprox, y 2º Ciclo de Secundaria 30-35%.

(4) Podrán repetir un máximo de 2 años. En privados no concertados no hay edad.

¿Por qué aparece una progresiva diversificación?

Para responder o respetar los intereses de los alumnos.

Comprensividad y Diversidad coexisten, evoluciona hacia menor comprensiva y + diversificada.

Cuando se diversifica se aplica pp individualización de la enseñanza.

REFORMA DE LA ORDENACIÓN.

- Educación Infantil: organización en áreas. *Áreas de experiencia y centros de interés, no son áreas de conocimiento.*

  Áreas de experiencia: parte de realidad vivida por el alumno: aseo, familia, barrio.

  Áreas de conocimiento: Aparecen en Educación Primaria.

- Educación Primaria:

- definición áreas de experiencia y cto,
- Impulso educación física y artística, *a través de creación de maestros especialistas*
- Introducción idioma extranjero
- Promoción de alumnos, *aunque tengan dificultad alcanzar curriculum básico pasará de curso. La promoción sería de 2 formas:*
    - ✓ *Dentro del ciclo, de forma automática.*
    - ✓ *Si es a final de ciclo, tiene que haber una autorización.*
- Integración A.C.N.E.E. *Alumnos Necesidades Educativas Especiales. Integración dentro de aulas ordinarias.*

- Educación Secundaria:

- carácter comprensivo y optativo,
- única titulación,
- org. Curriculum en áreas de cto., *no existen asignaturas todavía*
- introducción del área de tecnología, *adquiere rudimentos tecnológicos básicos para formación hacia mercado laboral.*
- música y plástica.

- Bachillerato:

- diversificado, *llega al 60%.*
- materias comunes, específicas *(de especialidad),* optativas,
- valor intrínseco y propedéutico, *valor para ingreso laboral y continuación de estudios.*

- Formación Profesional *"Específica" = Ciclos formativos*:

- organización en Módulos, *que equivaldrían a asignaturas o áreas,*
- apertura de esta formación a los trabajadores,
- corta duración, gran flexibilidad, *(cambiar de una a otra fácilmente)*
- incorporación prácticas ***obligatorias*** al curriculum,
- participación agentes sociales.

➔ EDUCACIÓN INFANTIL.

- La única de ciclos de 2-3 años.
- NO obligatoria ➔ gratuita.
- Asegura que el 100% estaría subvencionada; no funciona así, va en función de la renta.
- Novedad: es la única ley con contenidos y objetivos propios para Infantil.

→ EDUCACIÓN PRIMARIA

Se organiza en áreas, EF aparece con entidad propia; impartida por especialistas.

Metodología: Depende de cómo se estructure el curriculo. Globalizante, para responder a áreas de conocimiento y experiencia. ¿Qué tipo de UD? Las globalizadas.

Personalizada; se adapta en función de las dificultades que manifiesta el alumno a título individual → Ver Adaptaciones Curriculares: Modificación metodológica, contenidos,... para que el alumno pueda progresar adecuadamente.

Titulación: Ninguna porque no es etapa terminal, la Ley les obliga a seguir.

Evaluación:

Promoción: Estará autorizada por el profesor que imparte la materia, informados los padres y niño/a (que pueden aportar opinión) y también la inspección educativa (en primaria pocas veces se produce esta reunión). Desaparecen los exámenes de septiembre, se busca la madurez del individuo para que alcance los objetivos previstos.

Profesorado:

Maestros tutores: Encargado de acompañar al grupo de alumnos a lo largo del ciclo, y es el que hace la evaluación continua; deberá hacer Adaptaciones Curriculares para alcanzar los objetivos.

Maestros especialistas: Imparte el área que el tutor no puede impartir (EF, Música, Lengua Extranjera).

Maestros de apoyo: Aquellos que prestan ayuda al tutor o especialista, con alumnos con dificultades y que promocionan. Orienta al profesor tutor o está en el aula y ayuda (normalmente son psicopedagogos).

→ ESO

Etapa nueva, tiene características propias. No es BUP (no obligatorio y estructurado en asignaturas).

Problemas aplicación ley: No adaptación o formación del profesorado.

Carácter: Obligatoria: Forma parte también de enseñanzas concertadas.

Currículo:

Religión (voluntaria).

Área nueva → Tecnología; **(imp)*** constituye la F.P. básica, junto con el Bachillerato Tecnológico. Pretende dotar de rudimentos tecnológicos para entrar como aprendiz en el mundo laboral.

```
      - E. INFANTIL
      - E. PRIMARIA
      - E. SECUNDARIA
            - ESO → FP Básica +-= Área tecnológica.
            - ES Postobligatoria (EPO)    - BAC
                                     -  FP  Específica  +-=  Ciclos
```

Metodología.

Adaptada: En fx dificultad que manifiesta alumno *(ver Adaptac y Diversificación Curricular).

Aprender a Aprender: Buscar autonomía del alumno, emancipatoria.

W en Equipo: En mundo laboral así se hace.

Conocimiento basado en el Método Científico: Observación y descripción.

Titulación: Graduado en Secundaria. Con título o sin el, ambos reciben certificación académica.

Certificado: - Años cursados.
- Calificaciones por áreas.
- Orientaciones (Mundo académico o laboral).

Evaluación:

Continua: Se basa en el seguimiento del aprendizaje del alumno.

Integradora:

1. de conocimientos (formación integral alumno)
2. de capacidades.

Adaptada a dificultades que manifiesta el alumno, y a la diversificación que se le haya hecho.

*****Exámen***** La evaluación se hace con referencia a los Objetivos generales de la Etapa. Aunque no alcance los objetivos de alguna área, podrá obtener título si alcanza los de la etapa (ej: suspender música, plástica, E.F.; aprobar: CC Sociales, Tecnología y Lengua).

Objetivo ESO: Que los alumnos acaben ESO, ..., asumiendo deberes y ejerciendo derechos...

Un alumno podrá ser evaluado de forma diferente a sus compañeros.

(ver diversificación curricular).

- En toda la Enseñanza Obligatoria (6-16) podrá repetir 2 veces, y preferiblemente al fina.
- No hay Septiembre.

Profesorado.

Este año se acaba el CAP y aparece el Curso de Cualificación Pedagógica (CCP); no es convalidable.

A los maestros de 7º-8º EGB, se les respeta el rango de edad, pueden dar clase en 1º ciclo de ESO, preferentemente especialistas. La Ley decía que podían dar aquellos que fuesen licenciados o “en condiciones de adquirir la licenciatura”; había una transitoria que permitía durante 10 años adquirir la licenciatura. Pero la Admón. no ha echado al profesorado Diplomado que no se licencia y que está en 1º Ciclo de ESO (Mala aplicación de la Ley).

➔ BACHILLERATO.

Carácter: Voluntario ➔ no gratuito; sí subvencionado. En centros públicos se subvenciona el 100%. Los privados concertados o no, no se subvencionan. (Los centros privados viven de Secundaria).

Organización:

ASIGNATURAS (No áreas de conocimiento) que configuran 4 modalidades de Bachillerato.

Currículo:

Comunes: Las mismas para la totalidad de bachilleratos (no se imparte en toda la etapa: otorgan 70 horas; 2 horas semana durante el 1º curso de Bachillerato; en 2º no hay EF) Las determina el MEC **40%.**

Propias: Le dan especificidad a cada modalidad de Bachillerato. **MEC 40%.**

El Bachillerato tecnológico: Dotar conocimientos, dotación hacia el mundo laboral.

FP Básica = Área Tecnología ESO + Bachiller Tecnológico.

Optativas: Las podrá elegir el alumno de las que oferte el centro. Las propone el Centro de los Catálogos que aporta la Admón. autonómica; cualquier centro puede proponer una asignatura para incluir en el catálogo. (En nuestra Comunidad Autónoma no hay optativas de Actividad Física). **20%.**

➔ Alumno elige en Bachillerato un 60% de su Currículo.

Metodología:

Aprender a aprender: Se busca una metodología emancipativa.

W en equipo.

Aplicar métodos de investigación.

Titulación: única, Bachiller, independientemente de su modalidad.

Evaluación:

ORIENTADORA: Para que alumno descubra cuales son sus capacidades de cara a estudios o el mundo laboral, xq bachillerato es etapa terminal.

Participativa: xq metodología es emancipatoria...➔ debe evaluarse en función del w q ha desarrollado. Implica participación también en evaluación.

Centrada en los fines y objetivos de cada una de las asignaturas para esa etapa. No se cambian contenidos ni criterios de evaluación; solo se harán adapataciones a nivel metodológico.

➔ FP ESPECÍFICA.

Finalidad. Desempeño cualificado de las profesiones, proporcionarles formación polivalente: que les permita adaptarse a modificaciones laborales que puedan producirse en su vida.

Estructura. Ciclos formativos de duración variable: grado medio y grado superior.

Carácter. Voluntario. NO gratuita pero subvencionada en centros públicos.

Acceso: Podrán acceder estudiantes y trabajadores (en paro y activos).

GRADO MEDIO: Desde ESO o prueba de acceso.

GRADO SUPERIOR: Bachiller o prueba de acceso.

La prueba de acceso:

- Grado superior:

Ser > 20 años.

2 partes.

- Cultura general (Conocimientos similares a Bachillerato).

- Prueba específica (Alumno demostrará que tiene conocimientos sobre la profesión)

➔ Prueba específica: ofrece prioridad a trabajadores en activo.

- Grado medio.

Ser > 19 años.

(Idem).

Organización: "Módulos profesionales" asociados a unidades de ***competencia*** *(una de las tareas que realiza el profesional en ejercicio (ej. Dentista: extracción, operación muelas) (ej; INEF: Enseñar 1 dxte d equipo;...➔ unidades de competencia).* Módulos profesionales: Forma de estructurar los contenidos; de las materias o asignaturas necesarias para alcanzar una cierta competencia profesional.

Curriculo: Módulos profesionales: específicos y transversales.

Prácticas en empresas.

Metodología:

Integración de contenidos científicos y organizativos (ser capaz de organizar una empresa y llevarlos a la práctica; se busca un profesional con autonomía).

Aprender por sí mismo.

W en equipo.

La metodología es muy práctica.

Titulación: Técnico (algunos que no ESO, puede prueba d acceso) ➔ Acceso Bachiller correspondiente. La titulación de técnico da acceso al mundo laboral, y al Bachillerato más afín correspondiente.

Técnico superior ➔ Acceso al mercado laboral y Universidad.

Evaluación: Por módulos. Para obtener título es necesario haber superado todos los módulos; incluido el de prácticas en empresa, si suspende 1 ó 2 módulos podrá repetirlos; si son más, repetirá todo el ciclo formativo que pueden ser hasta dos años perdidos.

Profesorado: Licenciado, Ingeniero y arquitecto CCP (Se deja abierta la puerta a profesores especialistas para especializaciones muy altas en algunos contenidos, se contratan x horas, no necesario titulado).

2° OBJETIVO: MEJORA DE LA CALIDAD DE LA ENSEÑANZA.

Ninguna Ley anterior había planteado la mejora de la Calidad Enseñanza de forma tan sistematizada.

La M.C.E. es un factor complejo, depende de múltiples factores. Es difícil la mejora de un sistema educativo.

Se propone mejorarla a través de:

- Cambios en el concepto del curriculum y del aprendizaje.
- Curriculum. Hasta hace 10 años solo se hablaba de ... Es un cambio de curriculum en contenidos; contenidos comunes para todo Estado y otros que podrán proponer CCAA y Centros educativos. Hasta ahora siempre había sido centralizado.
- Aprendizaje. Cambio de aprendizaje memorístico, + de saber hacer que saber; un aprendizaje significativo (tiene significación lógica; alumno sabe de donde viene y para que sirve).
- Dotación de medios humanos (profesores de apoyo, equipos de orientación) y materiales.
- Reconversión de centros. Problemas: No se han hecho conforme a lo que preveía la ley.
- Formación permanente del profesorado. Se propone que tenga un reciclaje continuo.
- > Autonomía Centros.
- Orientación educativa y equipos de apoyo.
- Evaluación de proceso educativo.
- Investigación e innovación educativa (materiales curriculares).

La ley lo sistematiza en 3 elementos clave.

Criterios Indicadores Factores

Factores:

→ CONTENIDOS CURRICULARES ADAPTADOS.

Se pretende a través de una serie de mecanismos que curriculo se adopte a características personales de cada uno de los alumnos (y no que alumno se adapte al curriculo).

Esto se consigue mediante **"Mecanismos de Atención a la Diversidad" o "Mecanismos de Adaptación del Curriculo a los individuos".**

Desde la Ley se proponen a título individual 4 Mecanismos:

1. Optatividad. Donde el alumno podrá elegir parte del Curriculo en función de intereses, motivaciones o características propias.
2. Adaptaciones:

- De acceso. Pretenden que todos alumnos/as accedan a curriculo ordinario en pie de igualdad → Desaparición de barreras arquitectónicas, trasporte escolar, becas, sordos, comedor para evitar excesivo bus)
- Curriculares (propiamente dichas): Adaptar Curriculo a necesidades alumnos; propiciar curriculo específico para cada 1.
- No significativa o refuerzos.
- Significativa.

3. Programas de Diversificación Curricular: Cuando un alumno cursa un curriculo diferente a compañeros de aula.

4. Programas de Garantía Social. Tienen por objetivo garantizar una formación básica a alumnos que fracasan en enseñanza obligatoria. Función que permite acceder al mundo laboral.

1-2-3-4 (MAD) buscan adaptar curriculo a Alumno para que no fracase.

Hay un mecanismo de adaptación que no es individual, es a CCAA, cada CCAA puede adaptar DCB a su contexto.

➔ Adaptaciones Curriculares:

NO SIGNIFICATIVAS O REFUERZOS. Pequeñas adaptaciones curriculares cuando hay leves dificultades para seguir marcha ordinaria del grupo.

No modifican significativamente ningún elemento básico del currículum (Obj-Cont-Met-Criterios evaluación).

Cuando se aplican:

SIGNIFICATIVAS

Con alumnos dificultades generalizadas (problemas en varias áreas curriculares: EF, Lengua,...) y permanentes.

Con pequeña ayuda metodológica no se soluciona el problema.

Modifican significativamente los elementos (Obj-Cont-Met..), e incluso pueden suprimirse.

Se aplican siempre en Primaria y Secundaria, en Bachillerato No (desvirtuaría Bachillerato).

➔ Programas de diversificación curricular.

Implica realizar un curriculo diferente en casos de alumnos que siguen manifestando dificultades después de haber hecho una adaptación curricular.

Como: Se aplica por supresión o modificación importante de áreas del curriculum. Prioritariamente se desarrolla en tres áreas básicas de curriculum que nunca podrán suprimirse.

Lingüístico-social.

L. Extranjera.

Científico-Tecnológica (CC Naturales estaría dentro).

Objetivo Prioritario Diversificación.

Busca que alumnos alcancen capacidades básicas Etapa y si es posible Título de ESO.

Las Adaptaciones Curriculares Significativas y las Diversificaciones se aplicarían en Etapas Obligatorias (En Bachillerato NO).

➔ Programas garantía social.

Equivaldrían a un módulo profesional de un ciclo formativo.

Por ejemplo: Módulo profesional de obrador dentro de ciclo formativo de restaurador. Con estos conocimientos podría acceder a la FP de grado ½, mediante prueba de acceso, pero podrían estar eximidos de la parte específica.

No problema de edades, puede acceder cualquiera. Pero son cursos con nº limitado de plazas. Además selección por el INEM y empresas.

➔ METODOLOGÍA ACTIVA, PARTICIPATIVA Y EFICAZ.

➔ PROCEDIMIENTOS ADECUADOS DE EVALUACIÓN.

Además de evaluar a alumno de forma continua y adaptada, también se debe evaluar todo S.E.; INCEE (Institución Nec Calidad y Evaluación Educativa).

➔ EQUIPOS DOCENTES ESTABLES.

En realidad hay modificaciones de plantilla de hasta 50%, por interinos o profesores sin propiedad de plaza.

➔ ABUNDANCIA Y RACIONALIZACIÓN DE LOS RECURSOS MATERIALES.

➔ DESARROLLO DE LA FUNCIÓN TUTORIAL.

Se ve muy impulsada para mejora Calidad.

Se proponen 3 niveles.

- Tutorización: Se realizaría en aula, pero profesores tutores tendrán formación específica en orientación y estarán ayudados por Equipos de Orientación Psicopedagógica.
- Orientación: A nivel de centro; un equipo estable de Orientación Psicopedagógica encargado de redactar informes de Evaluación (acreditac) y Orientar alumnos/as para futuro académico/laboral; y apoyo profesores tutores.
- Orientación de Apoyo de DISTRITO EDUCATIVO: puede tener bajo su tutela varios centros y de distintas etapas. ➔ habrá un equipo de orientación de Distrito Educativo. Su función será orientar sobre problemas comunes de características sociales (ej. Problemas de alcohol y drogas en una zona).

➔ DEPARTAMENTO DE ORIENTACIÓN:

➔ INSTITUCIÓN DE APOYO A PROFESORES Y CENTROS (Antes CE.FO.CO.P.; ahora CE.FO.R. Centro de Formación y Recursos), Se crearon con intención de apoyar formación profesorado.

Formar a profesores en exigencias de la Reforma. Buscaban Formación permanente Profesorado. Ya no son por áreas, son de carácter genérico, y se convirtieron en centros de recursos.

+ ➔ RATIOS ADECUADOS DE ALUMNOS POR AULA.

EL CURRICULUM

CURRICULUM. Concepto.

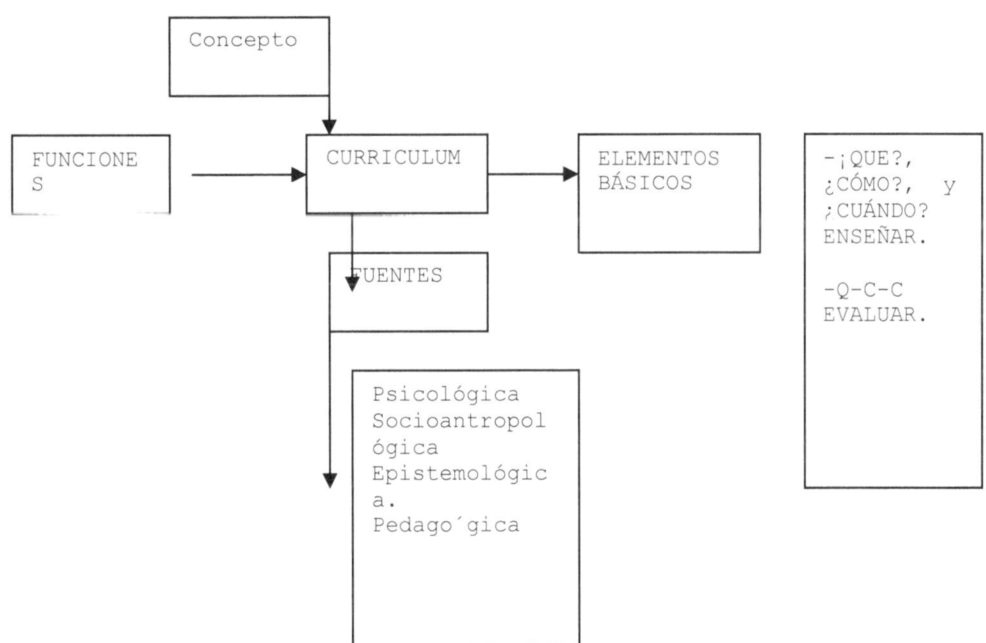

Podemos adoptar distintos posicionamientos para definir el curriculum.

Que es lo importante aprender niños en escuela.

Esas posturas previas se definen fuentes del curriculum, f de las q emanan.

Antes de definir como, cuando, debemos conocer donde emanan decisiones previas; los teóricos son los que elaboran perspectivas.

Desde perspectiva clásica, R Tyler (1950): Se tenían q dar 3 fuentes para promover objetivos educacionales.

- Estudiante (determina como aprendian niños).*Los progresistas decían q había q partir d como alumno aprende.*
- Sociedad (las necesidades de conocimiento q genera 1 sociedad para q alumnos se integren). Otros autores, sociólogos, definen la fuente sociedad para proponer objetivos.
- Contenido de enseñanza. Los Esencialistas parten de la esencia del Contenido. Lo más importante es estructurar la materia (la secuencia de aprendizaje), q contenido y en q secuencia.

Tyler rompió la polémica, ninguna de las 3 fuentes es la primordial, tener en cuenta las 3.

Dice q las fuentes aportarán obj "provisionales" xq en S.E. hay dos filtros q modelan el curriculo siempre (serían los filtros de poder). Filtros:

- Filosofía educativa que se persigue (lo define el Gobierno).
- Psicología del Aprendizaje. También filtrará objetivos. Hay múltiples teorías. Las dos predominantes:
  - Contuctista (años 50). El objetivo era lo q debía alcanzar alumno, independiente d diferencias, común para todos.
  - Cognitivista.

A partir de esos filtros aparecen Objetivos definitivos que habría que desenvolverlos en:

- Generales.
- Específicos.
- Operativos.

Objetivos concretos de área.

Reforma.

La Reforma añade una fuente más, y se adapta a Psicología y Tªs del Aprendizaje actual; y fuentes cambian de nombre y concepto.

Estudiante → Psicológica

Sociedad → Socioantropológica (Galicia) Antropológica (España)

Contenidos → F. Epistemológica.

→ F. Pedagógica.

FUENTE SOCIOLÓGICA (En Galicia Socioantropológica).

Define en fx desarrollo de esa sociedad, fijándose en desarrollo tecnológico y en organización social, y respetando valores sociales; va a definir y seleccionar los elementos de enseñanza que se deben desarrollar en escuela, para que sea adecuado a sociedad en q se desarrolla alumno.

Q conocimientos necesitan alumnos para integrarse en sociedad, respetando tecn-organiz-valores.

Busca q no Exista una ruptura entre lo q alumno aprende escuela y Realidad Social, que sea útil lo q aprende.

Ej. de ruptura escuela-sociedad (Summerhill).

A nivel autonómico (no va en contra desiciones)

Se propone curriculum abierto para q se pueda adaptar según aspectos geográficos y culturales.

Hincapié en recuperación de la memoria histórica y cultural.

Defensa y recuperación de la lengua gallega.

En nuestra Área de EF, como afecta esta fuente.

Potenciar deportes y juegos tradicionales.

Utilizar el medio natural (mar, nadar, montaña,...)

Recuperación folcrore y bailes.

F EPISTEMOLÓGICA.

Cª q estudia el conocimiento. Corresponde con la fuente del contenido. Se basa en evolución científica de las distintas disciplinas y materias; y en la lógica interna de esas disciplinas (de < a > complejidad) busca estructurar conocimientos mejor forma para asimilarlos.

→Intentar separar los conocimientos fundamentales que debe tener población sobre una materia de los conocimientos reservados para los especialistas.

→La estructuración en distintas etapas (q se debe ver en cada etapa). Distribuye los contenidos q se verán en cada etapa.

P.ej. ¿Q debe conocer alumno Enseñanza obligatoria de EF?

Pto v. Autor.

"Se propone una ordenación progresiva de la materia, partiendo de áreas de conocimiento en edades tempranas, hacia una progresiva diversificación en asignaturas o disciplinas; sobre todo en 2º C de E Obligatoria.

Decisiones previas o marco previo de posturas que toma Administración antes definir

Dentro de las distintas posicones las fuentes pueden irse hacia un lado u otro. Según R. Tyler (1950) aunaba posturas, pero innova: ninguna fuente es suficiente por sí sola, pero sí necesaria.

Las fuentes de Curriculum que propone la Reforma.:

.... → Sociológica.

Contenido → Epistemológica.

Alumno → Psicológica.

→ Pedagógica

Sociológica: Plantean lo más adecuado a entorno social, acercamiento a los alumnos según su contexto.

Epistemológica: Determinar conocimientos y en qué secuencia, para facilitar aprendizaje, la secuencia se estructura de lo General a lo Específico, de lo Principal a lo Secundario.

Otra razón de ser era separar conocimientos, conocer el nivel de profundización, conocimientos generales y específicos.

También permite la estructuración de las distintas materias para las distintas etapas.

Partiendo de la fuente epistemológica, la LOGSE aboga por un planteamiento de contenidos más global en edades tempranas (infantil y Primaria) porque se intenta impartir los conocimientos en modo en que los perciben en la realidad→ Enseñanza + comprensiva, + interrelacionada.

Más adelante plantean asignaturas (conocimientos más aislados, más diferenciada)

Basándose en esta Fuente Epistemológica, se propone una TRIPLE VERTIENTE para ordenar-estructurar contenidos.

- ⇒ Estructura interna de la Materia (cual es la secuencia lógica para su asimilación).
- ⇒ Necesidades sociales (Que necesidades de formación en ese contenido tienen los alumnos respecto vida cotidiana; ej: integrales de Matemáticas).
- ⇒ Intereses o motivaciones de los alumnos.

¿Cómo afectaría esta fuente a nuestra área?

- Estructura materia (1º habilidades básicas y después específicas; planteamiento global o planteamiento técnico-táctico).
- Necesidades sociales para participar de forma activa en la vida deportiva; ej: Coruña, donde podrán disfrutar de práctica deportiva, primero ver la oferta que hay en entorno.
- Intereses de los alumnos. W resistencia (¿Vueltas a patio o carrera de orientación?).

Fuente psicológica.

Se basa en características de alumnos, en como aprenden, para proponer determinados procesos de aprendizaje, y se produzcan de manera óptima.

La corriente de Psicología del Aprendizaje antes de Reforma era Conductista (ante un estímulo aprendemos una respuesta)(en dxt y demás se utiliza mucho conductismo, ej: estímulo balón derecha, armado derecha, en vez de protegerse). La mejor forma para aprender datos es por memorización repetitiva, no hay que abolir este tipo de aprendizajes.

La Reforma

Entiende aprendizaje alumno como proceso personal basado en desarrollo de sus capacidades. Partiendo de esto los aprendizajes son individuales y el proceso será personal, por sí mismo. La Reforma no aboga por un único planteamiento de psicología educativa, reconoce que alumno aprenda por múltiples formas, lo que hace es delimitar unos principios que se han de respetar. Se debe el tipo de ENSEÑANZA al tipo de APRENDIZAJE que se pretende.

Pero aboga como más válido el planteamiento COGNITIVISTA (Piaget, opuestos a conductismo) + globlalista, y el CONSTRUCTIVISMO (entiende aprendizaje como proceso construcción personal). Aboga x Teorías APRENDIZAJE SIGNIFICATIVO o ASIMILACIÓN (propuesta por Ausuber), busca que cada Aprendizaje tenga significación lógica para alumno; aprendizaje significativo se produce cuando conocimientos nuevos conectan con conocimientos previos, modificando esquemas cognitivos (cuando conoce el xq).

PPIOS de INTERVENCIÓN EDUCAT x los q aboga la Reforma. (Dentro de concepción Constructivista, Fuente Psicológica).

1. Partir del nivel de desarrollo del alumno. De lo q ya sabe y dl etapa evolutiva en q se encuentra (Piaget).
2. Construcción de aprendizajes significativos. Materia nueva conecte con anterior y modifique esquema cognitivo.
3. Realizar autónomamente aprendizajes significativos. Aprender a aprender, sea capaz de hacerlo por sí mismo, enseñarle estrategias de aprendizaje.
4. Modificar esquemas de conocimiento.
5. Intensa actividad del Alumno. Sea artífice propios aprendizajes.

FUENTE PEDAGÓGICA.

Se basa en práctica educativa, en como se ha desarrollado enseñanza antes Reforma y teniendo en cuenta fines educativos y tipo de sujetos a formar, modifica la práctica educativa.

(Como afecta Area Psicológica a nuestra área.

Analiza como aprenden alumnos → proponer proceso.

Reforma aboga prioritariamente por una serie de ppios uniformes q contenían distintas teorías del Aprendizaje que no eran contrarias. PPIOS INTERVENCIÓN EDUCATIVA, pero abogaba por uno → el Cognitismo, a partir de el se centraba Constructivismo y tb Tª de ...

Como afecta:

Modifica tipo de proceso o metodología activa para alumno, partiendo de lo que el ya sabe.

Dentro de los Estilos directivos (MD, AT, **ER, EI**) Los más activos, los que más implican.)

Fuente Pedagógica.

En función fines educación e individuo, modificar práctica educativa.

Propone formas enseñar, distinto a clásicas, pero preservando aquellas prácticas que funcionaban (la memorización también es importante).

Se propone una actuación a tres niveles:

- Cambios infraestructura.
- Formación profesorado y **actuación*.
- Modificación práctica docente.

Infraestructuras:

Se propone organización nueva de Centros educativos, y funcionamiento. Ej: centros pilotos, dondde alumnos eligen reparto de asignaturas en esa semana (nivel implicación alumnos es elevado y buenos resultados; pero Admón. no podría controlarlo)

Potenciación de las direcciones colegiadas (director no manda, hay estructuras que democráticamente se reunen y deciden) y funcionamiento democrático de los centros.

Aumentar la proyección social; relación de Centro con Entorno; ed, apertura centros a población (biblioteca, instalaciones deportivas, aulas abiertas a población).

Formación profesores:

Se propone una formación inicial nueva a ptravés de CCP, será más largo y específico.

Cambio en función profesorado. Pasa a ser un mediador entre conocimiento y aprendizaje alumno, también con grandes tareas de orientador (antes era el tutor el orientador).

Modificación práctica educativa.

- Metodología más activa de enseñanza.
- Se potencia trabajo en equipo.
- Se potencia acción tutorial y orientación educativa.
- Se propone como más válida la evaluación continua.

Fuentes de Curriculum.

¿Cuál sería la prioritaria y determina más el curriculum?

La que adapte el proceso a las características del alumno = psicología.

TIPOS DE CURRICULUM (Fotocopias).

CERRADO	ABIERTO

No existe ningún curriculum cerrado-abierto del todo, hay múltiples posiciones intermedias.

VENTAJAS-INCONVENIENTES cerrado-abierto.

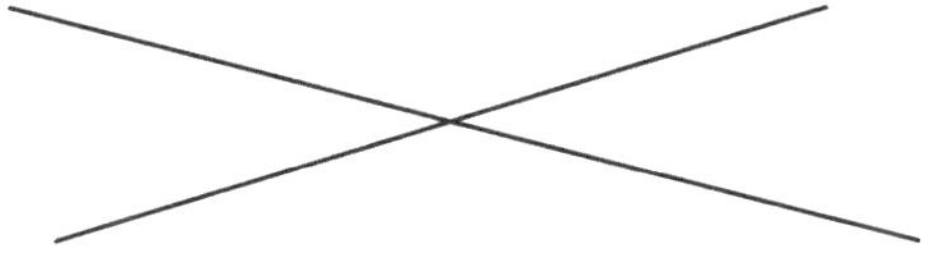

Las ventajas de uno, son los inconvenientes de otros.

El mejor sería el que cogiese la ventaja de las dos, o cogiese ventajas de uno y paliase los inconvenientes de otro.

Reforma aboga por un curriculum abierto pero paliando sus inconvenientes.

.. Intenta aunar las ventajas principales del curriculum cerrado.

a) Igualdad de oportunidades.
b) Posibilidad homologación títulos (que son inconvenientes del abierto)
c) Movilidad del alumnado.

La proposición para aunar las ventajas de los dos: Precisar Aprendizajes mínimos para garantizar a)b)c).

NIVELES DE CONCRECIÓN CURRICULAR:

Primer nivel de concreción curriular cierra el curriculum en aprendizajes mínimos (55-65%).

2º nivel: P.C.C. muy abierto, c distinto para cada centro.

3º nivel: Programación de aula, muy abierto (porque es propio de cada grupo-aula).

(el curriculum cerrado también tiene ventajas)

¿Por qué hay niveles de concreción curricular?

Intentar aunar ventajas del abierto con cerrado. Son la solución de la propuesta Administrativa.

	QUE ENSEÑAR
	CUANDO “
PC	COMO “
Equipo directivo	QUE, CUANDO, COMO EVALUAR

" Profesores RECURSOS

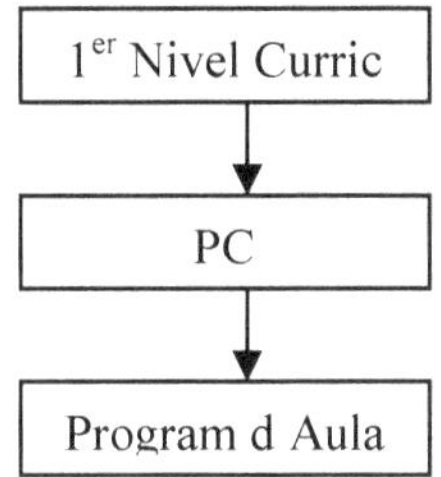

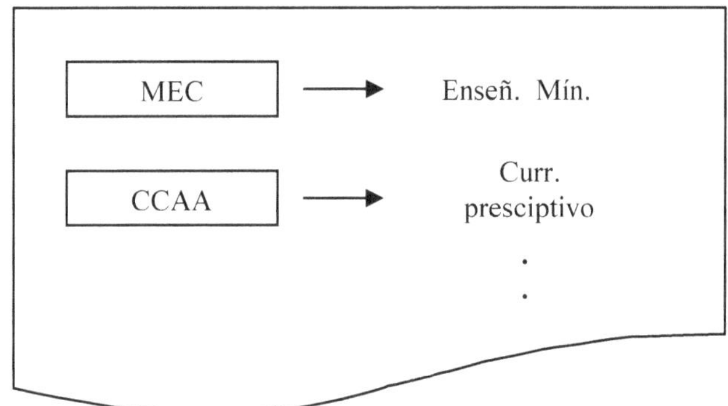

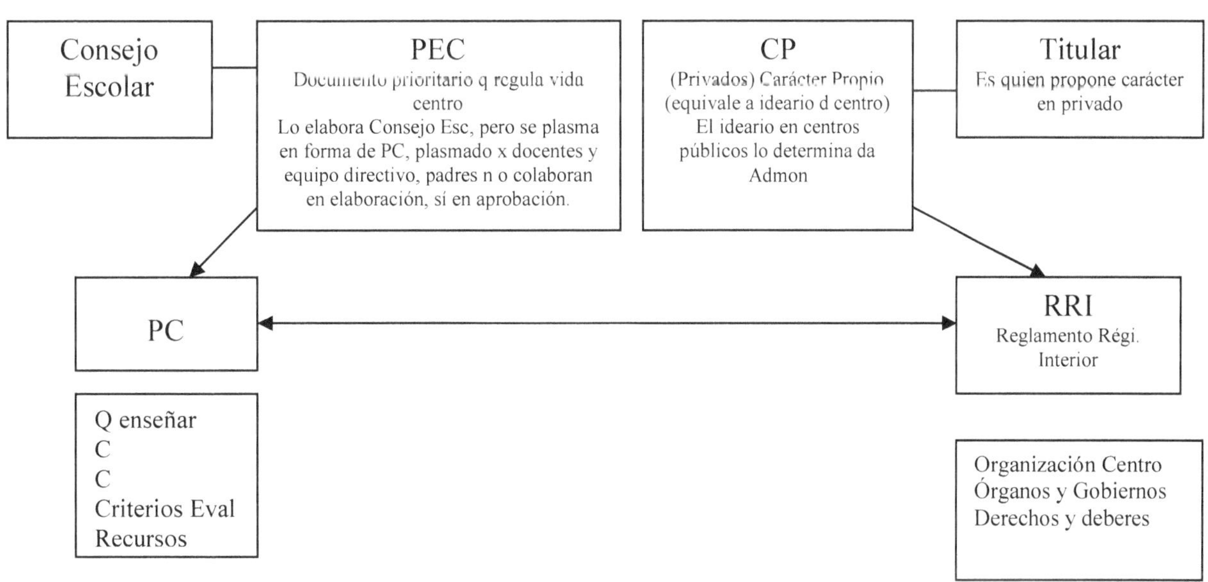

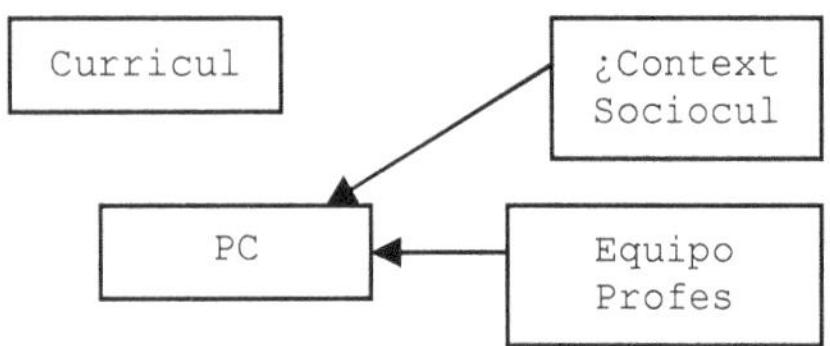

QUÉ ENSEÑAR: Objetivos y contenidos

CONTENIDO
- CONCEPTOS
- PROCEDIMIENTOS
- ACTITUDES

CRITERIOS SELECCIÓN DE CONTENIDOS:

- INTERESES DE LOS ALUMNOS.
- IMPORTANCIA A NIVLE CULTURAL.
- FUNCIONALIDAD CONTENIDOS: A corto plazo
  Básicos para otros contenidos.

CUANDO ENSEÑAR: Secuencia u ordenación de objetivosy contenidos.

Los contenidos en nuestra área serán de forma CÍCLICA)

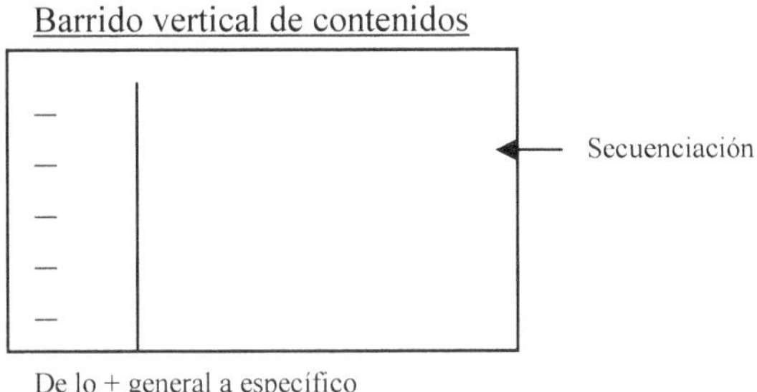

CRITERIOS DE SELECCIÓN/SECUENCIACIÓN:

A)

NIVELES DE CONCRECIÓN CURRICULAR.

Establecen una secuencia en concreción de Curriculum, partiendo de un primer nivel perceptivo (obligatorio) pero que concrete muy poco el curriculum a desarrollar, hasta un 3er nivel mucho más abierto (que interviene mucho el profesorado) en que se concreta mucho más el curriculum.

	Nivel de Apertura	**Nivel conreción curric(q-c-c enseñ-eval)**
1º D.C.B.	MÍNIMO	Qué (pequeño) Como (poco) PEQUEÑO
2º P.C. Centro	½	
3º Programac. Aula	MÁXIMO	

DCB:

Lo elabora Admon Educativo (Estado, MEC) y lo complementan las CCAA históricas. Determina el 55-65% curriculum.

Elementos que establece:

1: Objetivos generales de Etapa (no diferencian por áreas) o de tramo educativo.

2: Objetivos generales de Area o asignaturas.

3: Grandes bloques de contenido para cada área:

Condición física
Habilidades y destrezas
Juegos y deportes
Expresión corporal
Actividades en medio natural

4: Orientaciones metodológic-didácticas y para la evaluación.

5: Criterios de evaluación, o Decreto de Mínimos. Establecen los Aprendizajes mínimos que debe haber alcanzado alumno a final de etapa para superar esa área.

¿Cuáles son los prescriptivos? 1,2 y 5.

¿El DCB concreta el Qué enseñar? Objetivos y contenidos de forma muy general.

PCC.

La adaptación del DCB a cada centro concreto, complementándolo hasta el 100% y secuenciándolo en los distintos ciclos y niveles.

Responsabilidad elaboración: Equipos de Área (profesores del departamento). Por ej.: PCC para 1er ciclo ESO lo elaboran todos los profesores del 1er ciclo.

Qué contiene (transpar. P. Curricular)

1. Adecuación de los objetivos generales de etapa al contexto socioeconómico y cultural del centro y características del alumnado. Se toman decisiones comunes para todas las áreas y vinculantes para todo . . . que determina como será la enseñanza en el centro educativo.
   - Criterios metodológicos generales.

2. Decisiones sobre el proceso de evaluación acerca de: Procedimientos para evaluar la progresión de los alumnos y criterios de promoción.
3. Decisiones sobre:
   - Optatividad: qué asignaturas optativas se ofertan y en qué curso.
   - Diversificación curricular:
   - Adaptación curric.

4. Orientaciones generales sobre los temas TRANVERSALES: "contenidos fundamentales desarrollo persona, que debido a importancia deben desarrollarse en todas y cada una de las áreas". Son propios para cada etapa educativa.

Programaciones didácticas.

Contienen U.D. program x Departamento por cada ciclo y nivel.

¿Qué diferencia hay entre la Programación Didáctica (2º nivel concre) y Programación de Aula (3º nivel)?

Las primeras son genéricas, elaboradas por el Departamento, no adaptada al grupo aula, y al profesor que la va a impartir.

PEC: Planificación global e indicativa de lo que se pretende hacer en un determinado centro educativo. Conjunto instrum que facilita la gestión educativa de un centro.

Define siempre las Finalidades Educativas de ese centro, y al definirlas se trata de un conjunto de intenciones a conseguir.

PEC contiene:

"Objetivos tendencia": Aquello a lo que tiende a convertirse el centro. Un ideario de todos los estamentos, un fin a muy largo plazo.

Los PCC se definen a muy largo plazo, utópico. Tiene un período de duración grande, pero revisable periódicamente (cada 1-2 años).

¿Cuánto tiempo duraría? Hasta que se cumpla (casi nunca) o hasta que deje de ser útil.

PEC. Tiene que ser único y debe definir el tipo de alumno que se pretende formar.

Debe definir el tipo de centro que es.

No es operativo, necesita documentos que lo operativicen.

IDEARIO DE CENTRO. Es muy ideológico, a veces se confunde con PEC. Define rasgos identidad, la imagen propia del centro: anagrama, logotipo,... Conjunto de ideas coherentes que definen cada centro. En centros públicos lo marca la Admon. educativa. En centros privados: "Carácter propio", lo determina el titular.

PCC. Recoge intenciones educativas y las desarrolla a nivel curricular. Aunque contiene programac didác también es amplio y genérico, contiene decisiones consensuadas. Periodo de vigencia: 1 año.

R. REGIMEN INTERIOR. Contiene la estructura organizativa del centro, y en él se determinan:

- funciones de los distintos órganos y comisiones gabinetes.
- Determina tareas a desarrollar y responsables.
- Determina deberes y derechos de los alumnos y profesores.

Vigencia: gran período de tiempo.

PLAN ANUAL DE CENTRO. Contiene Program. de Activ. regladas y no regladas para ese año escolar. Contiene el calendario, el responsable (ej: viaje nieve, museo botánico) y el equipamiento, instalaciones y presupuesto. Mecanismos de evaluación y control del plan anual.

Al final del curso escolar aparecerá la MEMORIA ANUAL, que será la base para el plan anual del año siguiente.

FORMAS DE CONSTRUIR EL CURRICULUM

QUÉ ENSEÑAR Y CUANDO ENSEÑAR: Se hace de modo distinto al libro de Cesar Coll (módulos y créditos) ➔ todo es válido excepto estructura de contenidos en módulos y créditos, y la estructura.

Concepto de Objetivo: anterior a Reforma hacía referencia a conductas a alcanzar por el alumno, homogeneización de conductas.

En reforma además como capacidad a desarrollar o alcanzar por parte de alumnos al final del proceso E.A., basándose en 4 capacidades: motrices, afectivas, . . .

Este concepto de Objetivo ya no es unívoco, es diversificado según alumno, desarrollando la misma capacidad no tiene porqué desarrollar las mismas conductas.

Ej: realizar una paloma mortal de brazos con minitramp...

Trabajar la capacidad de salto, acrobacia, dominio corporal.

→ la conducta está definida. En Reforma será: "Desarrollar capacidad de salto...". Desarrollarán capacidades con distintos niveles.

Antes de Reforma OBJETIVO = Conducta a manifestar por el alumno.

Diferencia CONTENIDO:

Antes de Reforma: Era el ½ para conseguir objetivo; estaba subordinado al objetivo, en forma de complemento directo.

En reforma adquiere también una dimensión activa por sí mismos, sin necesidad . . . .

. . . . . .

➔ El desarrollo de un contenido conlleva desarrollar ciertas capacidades.

Características OBJETIVOS GENERALES ÁREA.

Hacen referencia al conjunto del área, no a contenidos específicos.

A 5 capacidades básicas: equil-motriz

➔ Se **consiguen* que sean pocos y muy genéricos.

Objetivos Terminales de Área y Materia.

Equivalen a criterios de evaluación de ciclo, en nuestra Comunidad Autónoma.

Def: "Resultados esperados del proceso de Aprendizaje de alumnos al finalizar cada ciclo educativo, con referencia a un contenido específico del área". Harán referencia a contenidos específicos conceptuales-procedimentales-actitudinales.

Objetivos Específicos y de Materia.

Harían referencia a los objetivos en forma de capacidades a alcanzar-desarrollar por alumnos al finalizar cada nivel educativo o cada U.D. con referencia a un contenido específico del área. Emanan de los terminales de Área y Materia y, por tanto, son más concretos.

¿Existen Objetivos Operativos en Reforma?

Sí, cuando la intención educativa del profesor es que los alumnos alcancen una conducta determinada. Normalmente evalúan una conducta concreta ➔ criterio de evaluación en U.D.

EVALUACIÓN INTERNA. Se realiza por las personas dentro aula (alumno-profesor).

EL DISEÑO CURRICULAR EN EDUCACIÓN FÍSICA.

Bibliografía consulta básica:

- KIRK, David. *E.F. y Curriculum.* Universitat de Valencia. 1990
- ARNOLD, D.J. *E.F. movimiento y curriculum.* Ed. Morata. 1989
- DIAZ LUCEA, Jordi. *El curriculum de la E.F. en la Reforma Educativa.* INDE. 1994.
- ANTUNEZ, Serafín y VVAA. *Del proyecto educativo a la Programación del Aula.* Ed. Grao. 1992.
- DCBs de Primaria, Secundaria y Bachillerato.
- Cajas rojas.

DIFERENCIAS ENTRE LA ENSEÑANZA EN EL AULA Y LA E.F.

SANCHEZ BAÑUELOS. *Bases para la Didáctica de E.F.* Ed Gymnos.

AULA	EDUCACIÓN FÍSICA
- PREDOMINANCIA COGNITIVA	- MOTRIZ = GLOBAL
- EL PROFESOR NO DEMUESTRA COMPETENCIA	- SI DEMUESTRA (ACTUA COMO MODELO)
- EL PROFESOR PUEDE NO COMPROMETERSE (organización de los pupitres)	- P COMPROMETIDO
- EL ALUMNO NO TIENE QUE DEMOSTRAR LO QUE ESTÁ HACIENDO.	- SIEMPRE SE DEMUESTRA LO QUE HACE
- LOS APRENDIZAJES SE LOGRAN A LARGO PLAZO.	- EN LA PROPIA PRÁCTICA.
- LOS APRENDIZAJES ANALÍTICOS O PARCIALES NO SE INTEGRAN EN EL AULA.	- SE SUELEN SUMAR EN SITUACIONES GLOBALES.
- LAS INTERACCIONES SON VERBALES, SIEMPRE TRANSMITEN CONOCIMIENTOS → "MENOS NÚMERO DE INSTRUCCIONES"	- DIFERENTES CANALES → VARIADA EN FX OBJETIVOS. GRAN NÚMERO DE INSTRUCCIONES.
- GRAN ORDEN Y CONTROL EN EL AULA.	- NECESIDADES DE ESTABLECER REGLAS Y NORMAS.

Miguel Angel Delgado Noriega. Tabla doble entrada

PROBLEMAS DE LA E.F. A NIVEL DE LA ASIGNATURA.

1. Problemas de tipo epistemológico (múltiples formas de aborldarla).
2. Falta de adecuación entre los fines educativos y los motivos de la E.F. escolar. Casi no se diferencian.
3. Delimitación imprecisa del Ámbito de la EF. Escolar.
4. Problemas a la hora de abordar la práctica didáctica en cuanto a métodos.

CURRICULUM EXPLÍCITO. Público, compartido por el departamento.

CURRICULUM ENCUBIERTO. Se transmite de forma implícita a través del curriculum explícito u oficial.

Diferencias respecto ofic: Es CONSCIENTE, es INTENCIONADO.

Ej: El balonmano que hacemos, lo que prima es la colaboración, participación; aquí puede surgir el problema, cuando se evalúa del curriculum encubierto y no del oficial.

Intención o interpretación, propio de cada profesor.

CURRICULUM NULO.

Aspectos del curriculum, que pudiendo estar en el curriculum explícito o encubierto, el profesor no transmite, de forma intencionada o no intencionada. Muchas veces marca más en la formación de los alumnos el vacío que lo que está explicitado.

Ej: profesores que no desarrollan aspectos de expresión corporal. Si no conocemos un deporte ➔ Curriculum Nulo.

CURRICULUM OCULTO:

Se transmite de forma involuntaria, inconsciente y de forma inevitable. (Según DODDS, no Jackson).

NIVELES DE CONCRECIÓN CURRICULAR.

"Adaptaciones del curriculum a diferentes niveles".

Adaptaciones del curriculum a nivel estatal o autonómico.

1º: DCB→ MEC Y CCAA; 55-65% (10% adecuación características socioculturales).

2º: PCC → Adaptaciones a las características de un centro educativo. Recogía el DCB + 35-45% hasta el 100% para ese centro educativo concreto.

- Lo elabora el Claustro, lo aprueba el Consejo Escolar.
- Contiene decisiones vinculantes comunes para todas las áreas del currículo, decididas entre todos.
- Contiene también las PROGRAMACIONES DIDÁCTICAS o proyectos curriculares de área. Contienen un sumatorio de las unidades didácticas de cada curso, no adaptadas al aula sino al centro (porque están todavía dentro del 2º nivel de concreción). Después el profesor recogerá UD y adaptan a clase ➔ 3er nivel de concreción.

3º: PROGRAMACIÓN DE AULA. NO Programación Didáctica.

La adaptación del proceso e/a que realiza cada profesor a cada grupo-aula concreto (ej: diferentes para grupo A, B, C) (y si hay profesores distintos para grupos A, B, C; se harán adaptaciones para alumnos y profesor; ej. Profesor q es de División de Honor de voleibol y otro que conoce + gimnasia deportiva).

La Unidad Didáctica NO es el 3er nivel de concreción.

4º Nivel de concreción curricular (no determinado).

Adaptaciones y diversificaciones curriculares de forma individualizada de cada alumno dentro de un grupo-aula. Cuando presentan dificultades para seguir el currículo de forma ordinaria; porque no llegan al nivel, o tienen > nivel del que se imparte en el aula (la mayoría de superdotados, sin seguimiento adecuado acaban como fracasados escolares).

LA UNIDAD DIDÁCTICA.

CONCEPTO DE UNIDAD DIDÁCTICA

- Unidad de trabajo relativa a un proceso de e/a articulado y completo.
- Plan operativo (no lugar a equívocos, claro) de actuación docente = programa de la actuación docente a corto plazo[1] para un grupo/clase concreto.
- Organización de todos los elementos que intervienen en el proceso de e/a con una coherencia metodológica interna (no basada en uno de ellos).
- Es la unidad básica del proceso de programación → determina las sesiones.
- Se relaciona directamente con el 3er nivel de concreción curricular = adaptación a las características de cada grupo aula (la UD será la misma, pero su desarrollo se adaptará a las características de cada profesor, grupo de alumnos, disponibilidad de instalación y material,...)

UD: Proceso de E/A articulado y completo, operativo a corto plazo para cada grupo-aula concreto con una coherencia interna

[1] Programaciones de 8-12 sesiones adaptadas a cada grupo clase. Aunque suelen hacerse 3 al año (3 trimestres, pero podrían ser excesivos) 2-3 x trimestre.

COMPONENTES BÁSICOS DE UNA UNIDAD DIDÁCTICA:

- Objetivos y contenidos: ¿QUÉ? hay q enseñar y aprender
- Actividades y experienc: " " " "
- Métodos y recursos materiales : ¿CÓMO?
- Mecanismos de control y evaluación: ¿QUÉ-COMO evaluar?

El ¿cuándo? en cuanto a secuencia de aprendizaje se deja abierto al profesor, depende de las circunstancias.

➔ UN PRINCIPIO UNIFICADOR (pretende dotar de coherencia interna a la UD).

FACTORES DE QUE DEPENDE

- De las intenciones educativas. Aquello que queremos q alumnos aprendan (ej. Aprender baloncesto para divertirse, o aspectos técnicos...)

- Factores normativos (que nos obligan, que tenemos q consultar y respetar). Por orden descendente:

    DCB: Decreto de mínimos = criterios de evaluación.

    PEC: Documento q organiza la vida educativa de cada centro.

    PCC: Dentro está el PCA; proyecto curricular de área.

- Factores condicionantes:
  - Características centro.
  - " alumno-grupo (ej: todos chicos y 1 chica)
  - " profesor (dominio materia...)

TIPOS DE UNIDAD DIDÁCTICA:

(Clasificación en base al tratamiento de contenidos de las distintas áreas, si se agrupan o no, y en base al tipo de enseñanza de esos contenidos).

1. Globalizadas:

Se daría cuando se desarrollan todos los contenidos de todas las áreas que hacen referencia a un mismo tema.

Si se ven muchos contenidos de muchas áreas, el nivel de profundización será muy pequeño; el objetivo sería establecer relaciones sustantivas o significativas entre los distintos contenidos referidos a ese tema; ed, ver ese tema desde la realidad del propio alumno, tal como conocen ellos.

En qué edades: edades tempranas.

En qué etapas las propone la Reforma: para E. Infantil y Primaria.

Esta UD normalmente es impartida por el profesor tutor (un profesor generalista), porque puede coordinar todos los temas. ¿Qué haría un profesor especialista? Se coordinaría con los otros profesores.

Los métodos de globalización más utilizados son (*Uxía Trigo, INDE, 1995*):

DIFERENTES MÉTODOS GLOBALIZADORES

MÉTODO / DEFINICIÓN / FASES

¿Cómo se llevaría a cabo?

Prioritariamente habría 3 fases:

- Presentación global del tema.
- Análisis pormenorizado de contenidos principales.
- Integración (hecha por el alumno, el responsable de la integración es el profesor-tutor: programar secuencia para que se de la globalización).

Ej: Centro de interés Aseo: como lavarse, desarrollo esq corporal, coordinac motriz gral → desde nuestra área de EF.

Ej: Centro de % granja: desde nuestra área; desplazamiento como animales...

2. Interdisciplinares.

Cuando desde 2 o más disciplinas, asignaturas o "áreas" de conocimiento, se trata un mismo tema de forma coordinada. De forma que los conocimientos adquiridos en una se puedan utilizar en otra y viceversa.

Diferencia con globalización: serían 2 o + áreas, no todas. El tratamiento de contenidos sería en > profundidad; y los desarrollaría cada profesor de su área o materia. Desarrollarían su tema cada uno en su hora y aula.

El responsable de integración de conocimiento sería el alumno; se supone que tendría la edad necesaria para ello.

Edades: la ley dice que en Secundaria obligatoria prioritariamente, pudiendo darse en otras. Se suele utilizar en el último ciclo de Primaria, Secundaria y Bachillerato.

¿Cómo se aplicaría en Primaria? Con los especialistas.

Ejemplos: Marcha de orientación por Monasterios. Tema: "Itinerario x ribera del Eume, recorriendo..."

¿Con q áreas se relaciona?

EF: Treking, orientación, acampada...

CC Naturales

CC Sociales

Cada uno desde su área define los contenidos que se llevarán a cabo en esa unidad didáctica (como hacer acampada,...) objetivos y posteriormente qué haremos entre todos: objetivos y actividades comunes.

En los días previos a caminata, cada profesor desarrolla:

	DIA 1	D2	D3	D4	MARCHA
EF					
CCN					
CCS					

En mi asignatura le doy los conocimientos necesarios para desarrollar actividade (como hacer 1 avituallamiento, qué es importante llevar...

CC s: porque hay un monasterio, qué es, función

Los alumnos volcarían los conocimientos adquiridos durante las clases previas en esa experiencia.

3. Disciplinares.

Cuando se desarrollan contenidos desde una única asignatura.

Edades superiores. Gran profundización en el dominio del contenido.

La ley la propone en el Bachillerato y la Universidad; también en el 2º ciclo de Secundaria obligatoria en las asignaturas optativas.

Objetivo: Profundizar mucho en ese contenido. Suelen ser contenidos que se programan de forma vertical (no se vuelve a ver más dentro del curso).

Etapas: Bachillerato y las optativas en 2º ciclo ESO.

La desarrolla un único profesor. El que integra los contenidos es el alumno.

Tipos:

- ***Monotemáticas:*** aquellas UD disciplinarias que desarrollan un solo bloque de contenidos. LA PROPIAMENTE DICHA.
- ***Multitemáticas:*** Se desarrolla más de un bloque de contenidos (Ej. Condición física a través actividad en el medio natural: carreras de orientación, implica 2 bloques de contenido).

Se puede aplicar de 2 formas:

- Simultáneamente: "UD Multitemáticas integradas": Contenidos se desarrollan a la vez.
- Desarrollo alternativo o segregado.

Se hace en muchos centros, porque aprovechan fases de sesión (ej: en calentamiento desarrollan condición física; y en parte ppal otro tema). No sería propiamente una UD multitemática. La UD que propone la Administración. sería la integrada.

La diferencia entre Mono-multi está en la intencionalidad del profesor (si quiere desarrollar uno o + bloques de contenido), lo que quiere hacer con el alumno.

U.D. Nº	TEMA	
CONTENIDOS	BLOQUE Nº Multitemática →	BLOQUE Nº
CONCEPTUALES	Monotemática →	
PROCEDIMENTALES		
ACTITUDINALES		

ANÁLISIS ELEMENTOS DE UNA UNIDAD DIDÁCTICA:

A) Objetivos:

Se denominan OBJETIVOS DIDÁCTICOS; los que se pretenden alcanzar a lo largo de UD; "Capacidad que alumno debe alcanzar o desarrollar al finalizar UD".

Funciones:

- Orientar la práctica.
- Controlar el proceso (si está siendo adecuado).

Como se formulan. Con una entradilla: "Los alumnos al finalizar la UD serán capaces de..."

¡Verbos en infinitivo!

- ✓ Formulación clara, concisa y comprensible (para el alumno).
- ✓ Expresa la capacidad a desarrollar/alcanzar. Capac: cognitiva, afectiva, social (relación interpersonal, inserción social).
- ✓ Debe hacer referencia a contenido específico que se va a desarrollar.
- ✓ Debe precisar las circunstancias, a través de las cuales se va a probar la capacidad.

(Obj operativo: se utiliza para desarrollar capac determ; se desarrollan prioritariamente en evaluación de la UD).

Ej. OD: "Que alumno sea capaz de ..." realizar un juego 3x3 respetando las reglas básicas del baloncesto (cont conceptual), y colaborando con compañeros (cont actitudinal) en el juego y reglamento. Se incluyen capac: cognitivas, afectivas, sociales.

"Será capaz de realizar un tiro libre siguiendo el patrón ...", también es un objetivo didáctico . Aspectos concretos que quiero que desarrolle (a pesar de no ser tan genérico).

¿Qué quiero que mis alumnos sean capaces de aprender al finalizar UD?

"...demostrar los gestos básicos de lanzamiento-pase-recepción en situaciones controladas en función del nivel de destreza adecuado".

¿Cuántos Objetivos Didácticos? Tantos como profesor estime operativo.

B) Contenidos.

Hay que contemplar los 3 tipos:

Procedimentales. Prioritariamente los que desarrollaríamos en nuestra área (como formas de hacer o saber hacer).

Conceptuales. Contenidos que queremos q alumnos sepan. (Un alumno que sea capaz de hacer procedimental sabrá hacer conceptual, ¿y viceversa?) Ej: Saber hacer un mortal con doble tirabuzón, depende de capacidades motrices.

Actitudinales. Hacen referencia a actitudes, valores, normas. Hacen referencia a aspectos.. y sociales.

¿Cuál seria el orden de prioridad en nuestra área?

Normalmente hay una tendencia de los Actitudinales sobre los demás. *Para Celso* el procedimental, lo motriz (nunca en enseñanzas medias y obligatorias se deben dar contenidos conceptuales si no se llevan a la practica). Ej: base de sustentación, centro de gravedad, no se puede hablar de entrenamiento interválico si no se lleva a practica. No transmitir contenidos conceptuales que no se lleven a la practica.

Si quiero que alumnos cooperen se aplica a través de procedimientos, no solo como actitudes ("tú, sé bueno").

¿Qué se puede enseñar y evaluar a corto plazo? Los procedimentales y conceptuales. La actitud se adquiere a largo plazo, y no sirve para regular el proceso e/a del alumno, no son evaluables a corto plazo.

C) Principios metodológicos ≈**"Estrategias metodologicas/didácticas"**

"Estrategias" es un termino mas global, Definir planteamientos principales: directivo, abierto... No se define en UD= Mando directo, sino que se pone una estrategia.

¿Qué tendríamos que proponer en UD?

- ✓ Métodos, recursos, procedimientos (formas de hacer: en grupo, pequeño grupo,...).
- ✓ Clima de la clase.
- ✓ Relaciones/interacciones: entre alumnos y profesor alumnos.

D) Actividades de E/A.

Celso nunca dirá que programemos por sesiones (porque al aplicar en la practica no siempre funciona).

El aplica el concepto de ACTIVIDADES TIPO: Una actividad que tiene una gran potencialidad educativa para conseguir objetivos o desarrollar contenidos propuestos.

Vamos a diferenciar entre **Actividad-Contenido-Tarea:**

El más genérico seria contenido (de forma clásica se definiría: "Saber cultural, ordenado, estructurado que se pretende transmitir a nuevas generaciones").

Actividad implica movimiento, hacer, aquello que hacemos con contenidos para que los alumnos los asimilen, ej: voltereta seria: giro sobre eje transversal... el procedimiento seria una progresión para hacer.. "Actividad", la tarea seria una actividad en que se definen las condiciones de realización (algunos autores añaden también objetivo y resultado).

Una actividad Tipo daría lugar a múltiples tareas→ no programemos tareas cerradas, sino abiertas< que profesor las definirá de forma concreta. Ej: Juego 10 pases.

Tareas: No recibir mas de una vez,..., cada vez que recibo, bote y...

Tipo: rondo, juegos de persecución.

De lo – complejo / + genérico → + complejo / + especifico

Diferencia entre **complejidad y dificultad:** La dificultad es subjetiva, depende del individuo, la complejidad es estructural (depende de los elementos de la tarea y sus relaciones).

¿Qué podemos valorar los profesores? Complejidad = cuando programemos lo hacemos en base a la complejidad, no a la dificultad.

El **Buen Profesor**, es aquel que ajusta la complejidad de las tareas a los niveles de dificultad que pueden manifestar sus alumnos. Si una tarea es muy difícil para el alumno, habrá que reducir su complejidad (reducir elementos, velocidad,...). Si es fácil, aumentarla (↑ nº estímulos, velocidad, nº decisiones.

Clasificación de Billing para nivel complejidad tarea.

Clasificación de actividades

(extraído de las cajas rojas del MEC: Archivador azul con libros rojos, ejemplificaciones de desarrollos curriculares; coge objetivos generales de etapa y los concreta, lo mismo con contenidos, criterios de evaluación):

En base a su actuación

Diagnóstico: Se utilizan al principio de UD (ej: UD de Baloncesto, actividad de diagnóstico: 3x3, 2x2), o en 1ª sesión de curso para conocer estado del alumno.

De desarrollo o aprendizaje: Se programan para que el alumno adquiera los aprendizajes o desarrolle las actividades (siempre basándose en deportivo). Son las más importantes y las que tienen más que apoortar . Deben de garantizar la funcionalidad de los aprendizajes (Utilización en situaciones reales, que sea válido para vida cotidiana).

De resumen: Las que se utilizan al final de un bloque de sesiones o de contenido; para vincular unos contenidos o actividades con otros (ej. Partido, como valoración inicial y actividad resumen; Actividades gimnásticas, si vemos varios elementos: rondada, equilibrio invertido,... Actividades resumen: enlace de los elementos).

De refuerzo y ampliación: Nos permiten adaptar el proceso E/A a características individuales de cada alumno. De refuerzo se utilizan con alumnos que manifiestan dificultades, les proponemos tareas menos complejas que se adapten a su nivel.

De evaluación: Utiliza el profesor para valorar que el alumno ha alcanzado los objetivos propuestos. Tienen que ser coherentes con las actividades de Desarrollo y Aprendizaje, evaluarles de algo que han hecho durante la UD. Puede coincidir con la evaluación inicial (ej. Cuando se evalúa "Mejorar..").

Criterios básico diseño de actividades.

Clasificación de las cajas rojas de EF basada en RATHS:

1. Motivantes: Incitan al alumno a participar en actividades (ej: Desarrollo resistencia aeróbico: carrera alrededor patio o juegos de persecución o juegos con balón modificados).

2. Familiarización: que permitan la familiarización con la actividad física de su entorno.

3. De seguir los conocimientos previos. Que siempre implique un aprendizaje más para el alumno, que se base en lo que ya conoce e ir más allá.

4. Distribución progresiva. En dificultad y complejidad e intensidad (control de la carga).

☐ ☐ ☐ ←

5. Deben posibilitar la transferencia. Utilizar actividades de transferencia más positiva; actividades cotidianas.

6. Retención/olvido. Tener en cuenta la capacidad r/o, de los niveles de aprendizaje de una tarea no van a ser totales, hay que controlarlo. Sobreaprendizaje: practicar algo ya aprendido, para asimilarlo; obliga a que una UD no pueda ser una sola sesión (en contra del principio r/o) → se necesitan varias sesiones para que practiquen.

7. Abarcar todas las posibilidades de interacción. Siempre tener previsto actividades en forma individual, parejas y grupos para que no haya mala interacción entre alumnos.

8. Métodos de enseñanza. (No todo se puede hacer por descubrimiento o por imitación).

- Aprendizaje receptivo (directivo).
- Aprendizaje por descubrimiento.

LA EVALUACIÓN EN EDUCACIÓN PRIMARIA

Evaluación de su programación. Del diseño de la UD, durante la práctica y al finalizar. El responsable de evaluar UD es el profesor y el Departamento; sirve para reajustar UD para próximas programaciones.

Evaluación de su desarrollo-ejecución (=proceso). Durante; nos sirve evaluación del proceso. Lo haría el profesor con su grupo-aula.

Evaluación de los objetivos alcanzados (de los alumnos). Con base a que criterios e instrumentos.

DISEÑO UNIDAD DIDÁCTICA

Guía de confección.

Se puede utilizar cualquiera, siempre que mantenga los elementos fundamentales, que sea coherente y enlazados de forma correcta.

1. Selección del tema. Ej. Baloncesto I, o un nombre que nos diga como lo vemos: "desarrollo habilidades específicas del baloncesto a partir de habilidades básicas". El tema equivale al objetivo general de UD, pero no tiene porque formularse como un objetivo.
2. Descripción/justificación: No es lo mismo. Primero hacemos una pequeña descripción (literatura). Se expresa de forma && redacta lo que se pretende conseguir con los alumnos. (Ampliación de lo que es el tema). Justificación es la vinculación de esta UD con los elementos de programación superior; PC Area, PCC y DCB. Que lugar ocupa esa UD con respecto a las programaciones de aula. ¿Qué lugar ocupa esta UD con el planning general que voy a desarrollar con mis alumnos en ese centro? ¿Cómo ayudaría a conseguir lo que dice el DCB? ¿Por que está en ese curso?. Criterios de evaluación que pretendemos conseguir con esa UD. Características de los alumnos a los que se dirige y duración aproximada ¿Cuánto va a durar?

Aquello que queremos que el alumno alcance al finalizar.

5. Estrategias metodológico didácticas. (En mucha bibliografía aparecen primero las actividades). Si va a ser directiva, si voy a trabajar de forma individual.... y en base a esto definiré las actividades. Porque esto ya me delimita las actividades.

6. Actividades.

Actividades principales ordenadas cronológicamente.

Pueden ser: Diagnóstico, conocimiento previo, motivante, desarrollo y aprendizaje.

7.Recursos materiales (El material no debe condicionar el objetivo que te propongas. Condiciona las tareas pero no los objetivos ni los contenidos). Hay profesores que programan por el material.

8.Organización espacio/temporal.

Instalaciones y material para cada tipo de actividad. Pequeña secuencia de orden en función de cómo se va a utilizar el material. ¿Qué instalación voy a utilizar? Para clasificar el orden de desarrollo de UD. Se coordinan las instalaciones con los otros profesores del departamento.

9. Evaluación. Solo hacemos referencia a la evaluación de los logros de los alumnos, los otros dos es a lo largo de la programación.

Criterios de evaluación (que ejecute la técnica, que enceste...).

Instrumento, que herramienta voy a (observación, planilla, examen...).

Momentos. Antes, durante, después.

El principio unificador, es decir, donde voy a dotar al resto de elementos de coherencia, va a estar en la descripción (le va a dar carácter al resto de la unidad didáctica).

Doto de significación a lo que quiero hacer con la UD. Aquí expresamos lo que queremos hacer con los alumnos. El resto de alumnos

BIBLIOGRAFÍA

⇒ Ley Ordenación General Sistema Educativo (LOGSE)

⇒ Guía de la LOGSE. Vicens Vives

⇒ Proyecto para Reforma Enseñanza, propuesta para el Debate. MEC. 1997.

⇒ El libro blanco para Reforma Sistema Educativo. MEC.

⇒ JAUME CARBONELL La Reforma Educativa a lo claro. Ed. Popular. 1990. *(Tiene pequeños errores en estructuración etapas; es una edición limitada).*

⇒ KIRK, David. *E.F. y Curriculum.* Universitat de Valencia. 1990

⇒ ARNOLD, D.J. *E.F. movimiento y curriculum.* Ed. Morata. 1989

⇒ DIAZ LUCEA, Jordi. *El curriculum de la E.F. en la Reforma Educativa.* INDE. 1994.

⇒ ANTUNEZ, Serafín y VVAA. *Del proyecto educativo a la Programación del Aula.* Ed. Grao. 1992.

⇒ DCBs de Primaria, Secundaria y Bachillerato.

⇒ Cajas rojas.

www.ingramcontent.com/pod-product-compliance
Ingram Content Group UK Ltd.
Pitfield, Milton Keynes, MK11 3LW, UK
UKHW050614260726
13967UKWH00008B/2851

9 781409 202561